天津市高等学校科技成果转化奖励项目（津教委 2015-52）
天津市科技计划项目科普重点课题（17KPZDSF00040）

运动促进健康发展

学生室内身体锻炼指导方案

主编\刘 沛 王 健

北京体育大学出版社

策划编辑：佟　晖
责任编辑：佟　晖
责任校对：未　茗
版式设计：谭德毅

图书在版编目（CIP）数据

运动促进健康发展：学生室内身体锻炼指导方案／刘沛，王健主编. -- 北京：北京体育大学出版社，2018.12

ISBN 978-7-5644-3087-0

Ⅰ. ①运… Ⅱ. ①刘… ②王… Ⅲ. ①青少年—体育锻炼 Ⅳ. ①G806

中国版本图书馆CIP数据核字（2018）第283418号

运动促进健康发展：
学生室内身体锻炼指导方案　　**主编／刘　沛　王　健**

出版发行：北京体育大学出版社
地　　址：北京市海淀区农大南路1号院2号楼4层办公B-421
邮　　编：100084
网　　址：http：//cbs.bsu.edu.cn
发 行 部：010-62989320
邮 购 部：北京体育大学出版社读者服务部 010-62989432
印　　刷：北京虎彩文化传播有限公司
开　　本：787mm × 1092mm　　1/16
成品尺寸：170mm × 240mm
印　　张：6.5
字　　数：100千字
版　　次：2018年12月第1版
印　　次：2018年12月第1次印刷
定　　价：80.00元

前　言

生命在于运动，运动对强健人类体魄起重要作用。随着物质条件的不断丰富，渴望拥有健康的体魄成了每个人的基本诉求。对大多数人来说，养成良好的运动习惯并非易事，每个人都扮演着不同的社会角色，都有着不同的日常行为表现，我们很难提出一些健身方案来满足各类人群的健康需求。因此，我们需要了解不同人群的日常行为特点，有针对性地设计不同人群的健身指导方案。

每天锻炼一小时，健康工作五十年。坚持每天锻炼是不少学生的“口号”，但现在学生们平时锻炼时间可能远少于一小时，学生是我们民族的脊梁，他们的健康成长关乎我们民族的未来。锻炼的人，理由几乎都是相同的，而不锻炼的人，理由却各不相同，室外锻炼对气候、场地和器材的要求较高，这也是许多学生不参与锻炼的说辞，其实我们可以利用室内有限的空间，合理的运动计划，配合适当的运动器材，也能收到良好的锻炼效果。为此，我们编写了这本科普图书——《运动促进健康发展：学生室内身体锻炼指导方案》。本书选择了有代表性的易于携带的物品进行了锻炼方案设计，旨在通过通俗易懂的语言、形象直观的图片，为学生群体的日常身体锻炼提供帮助。

本书由天津体育学院部分教师和研究生编写，由刘沛、王健担任主编，主要编写人员有王嵘、王涛、刘敏、肖来鹏、涂子通（以姓氏笔画为序）。在本书的编写过程中，吴宗耿、袁成芳、卢安琪提供了大量图片，王倩楠、贾百爽、肖明月、谢相粉承担了视频的整理和上传工作，朱琪、邹招娣、张文雅、贾铭宇和翟继传承担了全书的编辑整理工作，在此一并表示衷心的感谢！

由于时间仓促，水平有限，书中难免有不妥之处，恳请广大读者予以批评指正。

编　者

2018 年 10 月

目 录

颈部

肩部

腰部

背部

手臂

目 录

颈部

肩颈是连接我们头部和身体其他部位的总开关，头部和身体其他部位之间的气血和物质输送都要经过肩颈，相当于人体的十字路口，与人体健康紧密联系。

学生学业繁重，学习压力大，通常长时间保持低头读书写字的姿势。头部低垂使颈、肩部肌肉处于牵拉、紧张状态，久了便会产生疲劳、僵硬、痉挛，甚至小关节变形，从而刺激神经，产生痛、麻、沉的症状，更严重的会出现颈椎病、呼吸困难、头晕等情况，对心理也会产生一定的影响，导致负面情绪的产生，影响日常生活。

针对越来越多的学生出现这种状态，我们设计了一些训练方案，通过室内进行一些身体活动，帮助学生在有限的活动空间内随时随地缓解颈部疲劳。

下面开始我们的练习吧！

1 颈部肌群激活训练 1

★ 坐姿，双手持弹力带两端，使弹力带中部位于头部正后方（1–1）。

★ 双手位置固定不动，头部向后发力，并在短暂停留后还原至初始位置（1–2）。

★ 每组做 10~20 次，完成 3~4 组。

示例 1

颈部肌群激活训练 1 分解动作

练习要求

- 双臂保持不动，固定弹力带两端。
- 头部向后还原至中立位时呼气，前引时吸气。
- 在做动作过程中，胸部保持挺直。

2 颈部肌群激活训练 2

★ 坐姿，左手持弹力带两端，弹力带中部位于头部一侧（2–1）。
★ 使颈部处于中立位，左手向外拉弹力带，头部始终保持在中立位（2–2）。
★ 两侧交替进行练习，每侧保持 20 秒，各完成 2~3 组。

示例 2

颈部肌群激活训练 2 分解动作

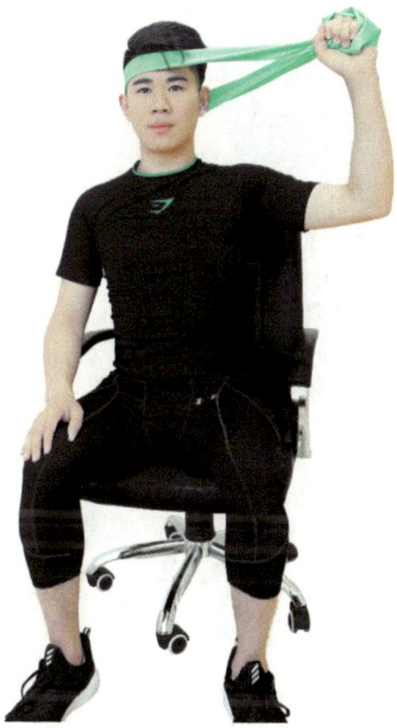

2–1

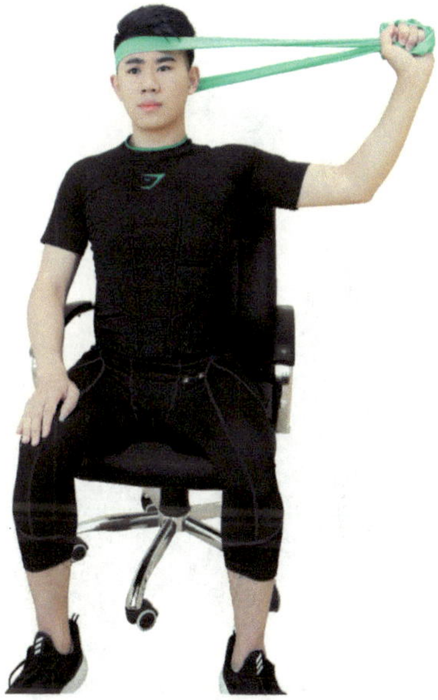

2–2

练习要求

- 弹力带的弹力可自行调节到适宜的力度。
- 在练习的过程中，保持自然呼吸，不要憋气。

3 拉伸颈前肌群

★ 站姿或坐姿，颈部位于中立位，双手大拇指位于下颌处（3–1）。
★ 手指向上推下颌使头部后仰，拉伸颈前肌群（3–2）。
★ 每组做 30 秒，完成 3~4 组。

示例 3

拉伸颈前肌群分解动作

3–2

3–1

练习要求

- 在动作完成过程中，胸部上提，下颌指向天花板，充分拉伸颈部前侧。
- 在拉伸时感受到有牵拉感即可，不需要过度用力。

4 颈部侧旋

★ 坐姿，颈部位于中立位，双眼平视前方（4-1）。
★ 头向一侧旋转约 90 度，保持颈部肌肉张力，均匀呼吸（4-2）。
★ 每组保持 30 秒，交替完成 3~4 组。

示例 4

颈部侧旋分解动作

4-1

4-2

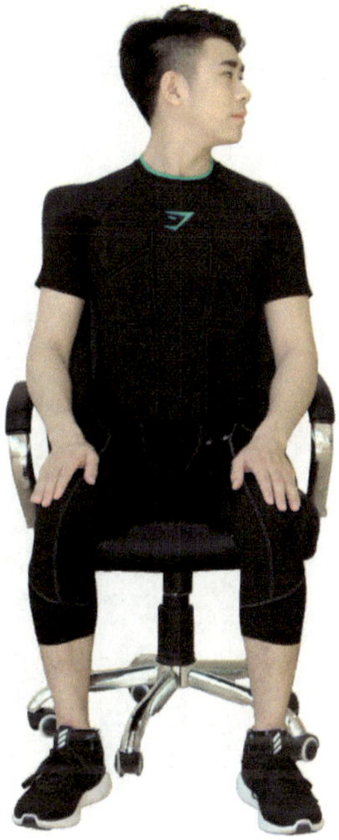

练习要求

- 在动作完成过程中，保持自然呼吸。
- 在动作完成过程中，保持身体的挺直。

5 拉伸肩颈部

★ 保持端正坐姿，一只手放在同侧腿大腿上方，另一只手放在头顶上方（5–1）。

★ 肩部向下，放在头顶上方的手把头拉向同侧手方向，充分拉伸肩颈部肌群（5–2）。

★ 每组做 30 秒，左右交替完成 3~4 组。

示例 5

拉伸肩颈部分解动作

5–1

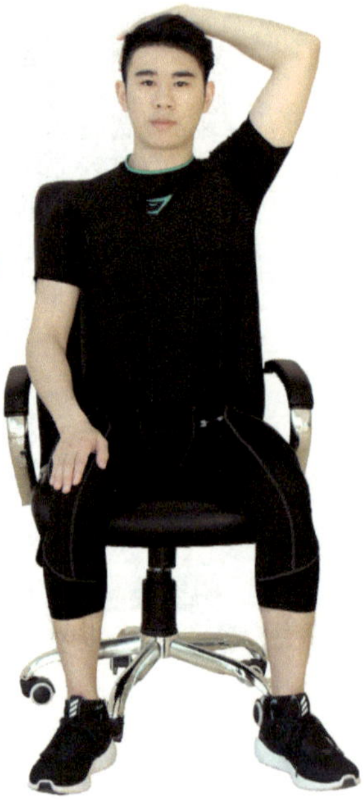

5–2

练习要求

- 在动作完成过程中，主要是肩部向下用力，头部不需要过度用力。
- 在拉伸时感受到有牵拉感即可，不需要过度用力。

肩部

我们每天要坐 8 小时以上，静坐少动也已成为常态。但是很少有人注意到自己的身体是否处于一个标准的姿态。其实，大多数人在学习和娱乐中身体长期处于非正常体位，颈部后侧肌群长期处于被拉长的状态，造成肩颈部肌肉僵硬，肌肉功能下降，肩关节活动度范围缩小成了时下年轻人的通病。大部分学生都会有颈椎前引、圆肩、驼背等问题，这不但让他们整个人看起来没有精神，而且会造成颈椎病。

我们给大家推荐一些简单易操作的健身小动作，让紧张的肌肉得到放松，减少疲劳感，从而大大提升你的呼吸和身体供氧量。

下面开始我们的练习吧！

1 俯卧飞鸟

★ 俯卧在瑜伽垫上，双臂水平打开，大拇指指向天花板（1–1）。

★ 舒展肩部后，双臂努力竖直向正上方抬起（1–2），然后还原。

★ 每组做 15~20 次，完成 3~4 组。

示例 1

俯卧飞鸟分解动作

1–1

1–2

练习要求

- 头部离开地面，鼻尖指向地板。
- 核心区域保持收紧状态，双臂向上时吸气，还原时呼气。
- 双臂摆动过程中不要触碰地面。

2 俯卧肩上推

★ 俯卧在瑜伽垫上，上臂与身体成 90 度角，上臂、前臂夹角成 90 度（2–1）。

★ 舒展肩部后，背部向中间夹紧带动双臂抬起，水平向前推出，然后还原（2–2）。

★ 每组做 20~30 次，完成 3~4 组。

示例 2

俯卧肩上推分解动作

2–1

2–2

练习要求

- 头部离开地面，鼻尖指向地板。
- 核心区域保持收紧状态，双臂向前时吸气，还原时呼气。
- 双臂在运动过程中不要触碰地面。

3 俯卧肩后伸 1

★ 俯卧在瑜伽垫上，双臂向侧下方打开，与身体约成 45 度夹角（3–1）。
★ 大拇指方向始终向上，双臂努力向上方摆动，向下还原（3–2）。
★ 每组做 20~30 次，完成 3~4 组。

示例 3

俯卧肩后伸 1 分解动作

3–1

3–2

练习要求

- 头部离开地面，鼻尖指向地板。
- 核心区域保持收紧状态，双臂向上时吸气，还原时呼气。
- 双臂在运动过程中不要触碰地面。
- 大拇指方向始终向上。

4 俯卧肩后伸 2

★ 俯卧在瑜伽垫上，双臂向斜上方打开，与头部约成 45 度夹角（4–1）。
★ 大拇指方向始终向上，双臂努力向上方摆动，向下还原（4–2）。
★ 每组做 20~30 次，完成 3~4 组。

示例 4

俯卧肩后伸 2 分解动作

4–1

4–2

练习要求

- 头部离开地面，鼻尖指向地板。
- 核心区域保持收紧状态，双臂向上时吸气，还原时呼气。
- 双臂在运动过程中不要触碰地面。
- 大拇指方向始终向上。

5 平板支撑

★ 俯卧，两手支撑在地面上，双臂伸直，垂直于地面，双脚蹬地，身体离开地面（5–1）。

★ 躯干伸直，头部、肩部、髋部和踝关节保持在同一平面，腹肌收紧，盆底肌收紧。

★ 每组保持 40~60 秒，完成 3~4 组。

示例 5

平板支撑分解动作

5–1

练习要求

- 双手支撑地面，肩袖肌群收紧，保持肩胛骨稳定。
- 头部、肩部、髋部和踝关节保持在同一平面。
- 核心区域保持收紧状态，均匀呼吸，不要憋气。

6 胸部拉伸

★ 站在门框旁，左前臂抵住门框，弓步站立，背部挺直，上臂、前臂成 90 度角（6–1）。

★ 慢慢向前移动身体，充分拉伸胸部肌肉。

★ 两侧交替进行练习，每侧保持 30 秒，各完成 2~3 组。

示例 6

胸部拉伸分解动作

6–1

练习要求

- 拉伸时关节不要过度超伸。
- 胸部有牵拉感即可，不需要过度用力。
- 拉伸时均匀呼吸，不要憋气。

7 单肩绕环

★ 站立在地板上，一侧手臂向前下方伸直（7–1）。

★ 手臂经前向上向后最大幅度画圆，身体可随手臂略微旋转（7–2~7–4）。

★ 每组做 10 次，交替完成 3~4 组。

示例 7

单肩绕环分解动作

7–1 7–2 7–3 7–4

练习要求

- 做动作时把手臂向各方向充分伸展。
- 绕环时保持核心区域收紧，身体稳定。
- 控制动作速度，不能依靠手臂惯性快速发力。

8 肩部外旋推举

★ 站姿位于中立位，双腿打开与肩同宽，双手拿矿泉水瓶，双臂自然下垂（8–1）。

★ 肘部上提→肩外旋→向上推举；下落→肩内旋→下落还原（8–2~8–4）。

★ 每组做 12~15 次，完成 3~4 组。

示例 8

肩部外旋推举分解动作

练习要求

- 肩外旋至上臂垂直于地面，上推至双臂位于头部两侧。
- 保持肩袖肌群稳定，注意不要耸肩。
- 均匀呼吸，不要憋气。

9 站姿提肩

- ★ 站姿时双腿打开与肩同宽，双脚踩阻力带，手握两端把手（9–1）。
- ★ 向上提肩，确保颈部、头部位置不变，向下还原至初始位置（9–2）。
- ★ 每组做 12~15 次，完成 3~4 组。

示例 9

站姿提肩分解动作

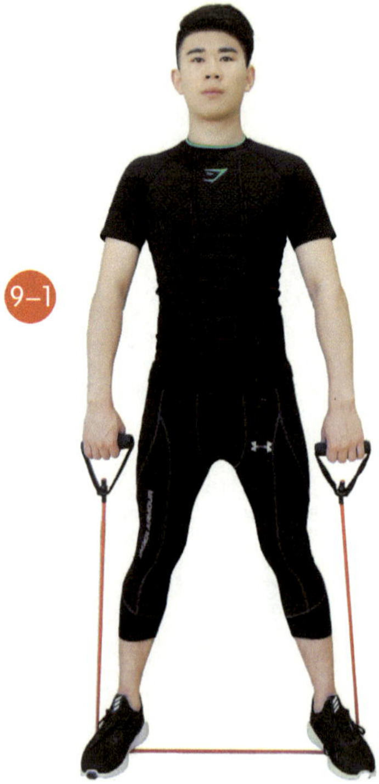

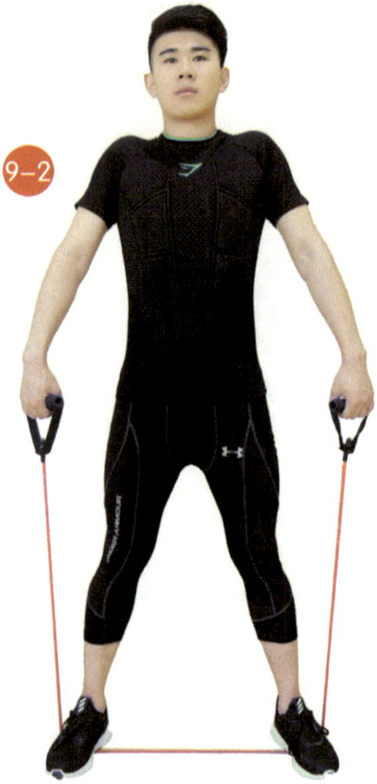

练习要求

- 提肩时保持颈部笔直，头部不要向后仰。
- 保持腹部收紧，提肩时吸气，还原时呼气。

10 肩部后缩

★ 站姿时双腿打开与肩同宽，阻力带中部固定，双手握阻力带两端，肩部前引（10–1）。
★ 肘关节自然伸直，背部发力带动两肩向后缩，向前还原至初始位置（10–2）。
★ 每组做 12~15 次，完成 3~4 组。

示例 10

肩部后缩分解动作

10–1

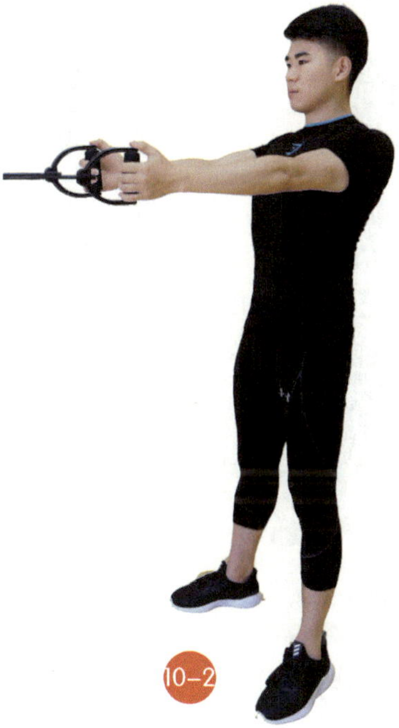

10–2

练习要求

- 双手握紧阻力带，防止脱离。
- 头部保持中立位，不要耸肩。
- 肩部向后缩时吸气，还原时呼气。

11 肩部绕环

★ 站姿位于中立位，双腿打开与肩同宽，双臂伸直（11-1）。
★ 双肩同时围绕肩关节向后画圆，并保持均匀呼吸（11-2~11-4）。
★ 每组 10 次，完成 3~4 组。

示例 11

肩部绕环分解动作

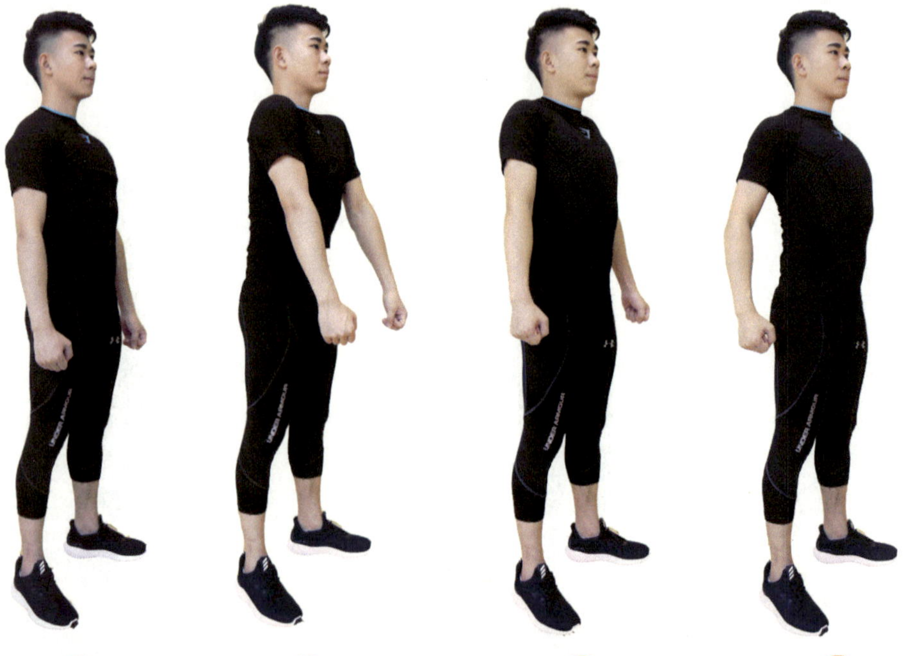

11-1　11-2　11-3　11-4

练习要求

- 做动作时颈部位置不要发生变化。
- 运动时双肩尽量把幅度做大，把动作做充分。
- 双肩画圆时经过前引→上提→后缩→下沉，完成运动。

腰部

腰部是人的主轴，腰部力量的强弱直接影响脊柱的稳定性。强壮的腰背部肌肉，就像脊柱的强有力的保护伞，有助于维持和增强脊柱的稳定性，可以有效地预防急慢性腰部损伤和腰痛的发生。

久坐在书桌前会使脊柱承受的压力过大，附近的肌肉酸痛，使得腰椎出现劳损，还可能导致腰椎间盘突出。加强腰背肌的锻炼，对保持健康、优美的体形有重要意义。

下面开始我们的练习吧！

1 坐姿下压髋部

★ 坐于椅子上，背部挺直，右腿放在左腿上，右脚外侧置于左腿膝关节上方位置，右手放在膝关节上向下压，并固定住膝关节；左手放在右踝关节处，并固定住右脚（1–1）。
★ 上体前倾，下压膝关节（1–2），保持 5~10 秒，然后还原。
★ 每组做 3~5 次，交替完成 3~4 组。

示例 1

坐姿下压髋部分解动作

1–1

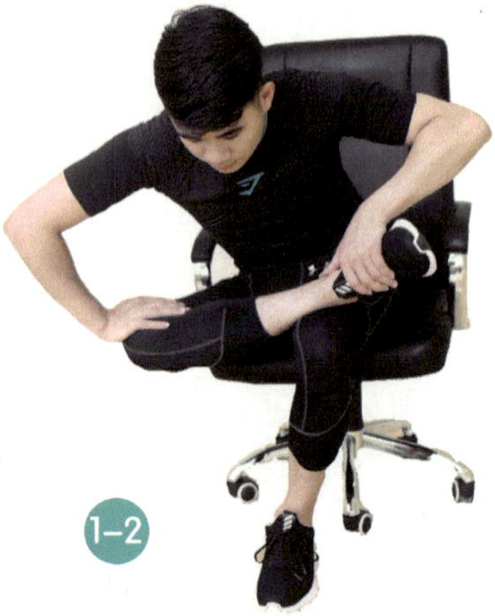
1–2

练习要求

- 尽量坐直，手轻轻压住膝关节。
- 在练习的过程中，下压速度要缓慢，避免受伤。

2 腰部前屈后伸

★ 两脚开立，与肩同宽，双手叉腰。
★ 然后稳健地做腰部充分的前屈和后伸（2-1，2-2），各 5~10 次。

示例 2
腰部前屈后伸分解动作

2-1

2-2

练习要求

● 运动时要尽量使腰部肌肉放松。
● 在练习的过程中，要缓慢屈伸，避免受伤。

3 腰部回旋运动

★ 两脚开立，与肩同宽，双手叉腰。

★ 腰部做顺时针及逆时针方向旋转各1次（3–1~3–4），速度由慢到快，幅度由大到小，顺、逆交替回旋，各 8 次。

示例 3

腰部回旋运动分解动作

练习要求

- 躯干部位保持直立。
- 在练习的过程中，要放慢回旋速度，避免受伤。

4 侧身弯腰拉伸

★ 直立，双腿分开，两臂侧平举（4–1）。

★ 上体前屈，用右手指去碰左脚，左臂自然侧举，两腿和两臂都不得弯曲（4–2），吸气，然后还原，呼气；换方向重复做1次，连续做8组。

示例 4

侧身弯腰拉伸分解动作

4–1

4–2

练习要求

- 两腿和两臂都不得弯曲，尽可能地触碰脚尖。
- 在练习的过程中，上身前压要缓慢，避免受伤。

5 抗阻提拉

★ 站姿，左手放头后，右脚踩住弹力带的中段，右手握弹力带的两端，身体向右侧弯（5–1）。

★ 向上拉弹力带，身体向左侧弯，然后还原至初始位置（5–2）。每组重复做 20 次，左右交替完成 4 组。

示例 5

抗阻提拉分解动作

5–1

5–2

练习要求

- 弹力带的拉力磅数根据自身情况进行调节，避免损伤发生。
- 每组之间要有间歇，避免劳累。

6 坐姿转体

★ 坐在椅子上，双脚平放在地面上自然分开，两臂弯曲，双手贴于头后（6–1）。

★ 上身向左侧转动至极限，保持 5~10 秒，然后还原（6–2）。

★ 每组做 5~10 次，左右交替完成 3~4 组。

示例 6

坐姿转体分解动作

6–1

6–2

练习要求

● 尽量坐直，收紧腹部，挺直背部，头颈固定。

● 在练习的过程中，上身转动要缓慢，避免受伤。

7 游式挺身

★ 俯卧在瑞士球上，两臂弯曲，手指交叉贴于头后，双腿分开伸直蹬于地面（7–1）。

★ 头缓慢抬高，直至腰部以上离开球面（7–2），保持 2~3 秒，然后还原。

★ 每组做 5~10 次，完成 3~4 组。

示例 7

游式挺身分解动作

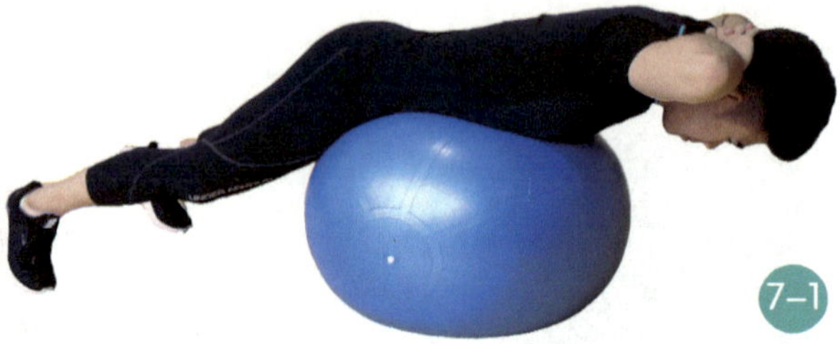

7–1

7–2

练习要求

- 双腿和双臂充分伸展，收紧腹部和臀部，保持颈部与脊柱成一条直线。
- 在练习的过程中，缓慢让腰部肌肉发力带动腹部、背部上抬。

8 俯卧两头起

★ 俯卧在地面上，伸展身体，双腿双臂自然分开（8–1）。
★ 缓慢抬高双臂和双腿（8–2），保持 2~3 秒，然后还原。
★ 每组做 5~10 次，完成 3~4 组。

示例 8

俯卧两头起分解动作

8–1

8–2

练习要求

- 双腿和双臂向四周充分伸展，收紧腹部和臀部，保持颈部与脊柱成一条直线。
- 在练习的过程中，缓慢让腰部肌肉发力带动手臂和腿上抬。

背部

背部肌肉群维持着人体的姿态，强而有力的背肌，可以稳定支撑我们的身体。发达的背部肌肉群可以帮助我们抵御冲击、保护脊柱，发达的下背部肌群可以更好地保护腰椎。

学生长期坐在书桌前，常常是低头、含胸、前倾的姿态，如果背部肌肉缺乏锻炼，容易导致驼背。重视并加强背部锻炼，不仅可以消除病痛，还可以减少背部多余的脂肪，使背部丰满健美起来。

下面开始我们的练习吧！

1 仰卧团身滚动

★ 坐在地面上，身体团身，双手抱住腿部（1-1）。
★ 上体后倒，双腿上抬（1-2）；上体上抬，双腿下落；还原到坐姿。
★ 每组做 5~10 次，完成 3~4 组。

示例 1
仰卧团身滚动分解动作

1-1

1-2

练习要求

- 团身时手尽可能抱紧腿，要低头、含胸、收腹、紧腰。
- 在练习过程中，前后滚动幅度要逐渐增加，避免受伤。

2 俯撑吸腿

★ 身体成俯卧支撑，双臂双腿伸直，前脚掌触地。

★ 右腿吸腿（2–1），保持 2~3 秒，还原，交换腿（2–2）。

★ 每组做 5~10 次，完成 3~4 组。

示例 2

俯撑吸腿分解动作

2–1

2–2

练习要求

- 俯撑时直臂顶肩支撑，收腹、紧腰，使身体成一条直线。
- 在练习过程中，动作幅度要逐渐增加，吸腿应缓慢有控制。

3 跪姿单臂划船

★ 一腿支撑地面，踩住弹力带中段，另一腿屈膝支撑在椅子上，上体前屈，一手持弹力带两端，另一手掌支撑在椅子上（3–1）。

★ 提拉弹力带至最高处（3–2），手臂还原至垂直状态。

★ 每组做 5~10 次，左右交替完成 3~4 组。

示例 3

跪姿单臂划船分解动作

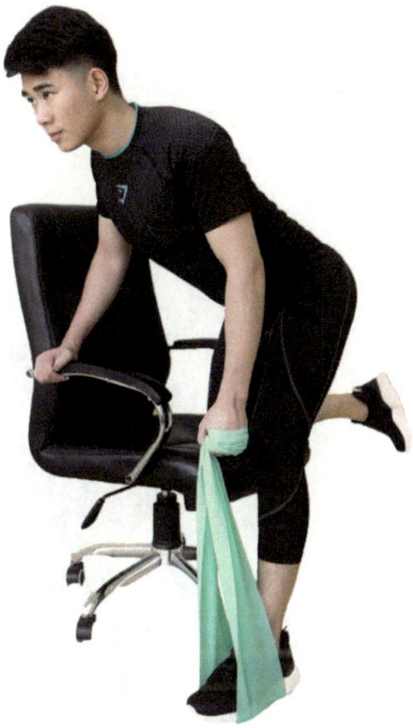

3–1

3–2

练习要求

- 单腿屈膝跪撑时，保持身体稳定，背部挺直。
- 在练习过程中，手肘朝后，前臂垂直于地面，动作要缓慢，避免受伤。

4 站姿俯身划船

★ 站立在地面，双脚分开与肩同宽，踩住阻力带中段，膝关节稍稍弯曲，上体前倾与地面约成 30 度角，双手正握阻力带，手臂自然下垂（4–1）。

★ 腹部向下，屈臂，两手向上提拉阻力带（4–2），放下阻力带，手臂还原至垂直状态。

★ 每组做 5~10 次，完成 3~4 组。

示例 4

站姿俯身划船分解动作

4–1

4–2

练习要求

- 站立时挺胸，手臂下垂时充分伸展背部肌肉。
- 在练习过程中，提拉至最高点时，肩胛骨靠拢，充分收紧背部肌肉。

5 抗阻耸肩

★ 站立，两脚分开与肩同宽，踩住阻力带的中段，正握阻力带，两臂下垂于腿前（5–1）。

★ 两肩同时向上耸起至顶点（5–2），两肩向后、向下转至两臂下垂，还原。

★ 每组做 5~10 次，完成 3~4 组。

示例 5

抗阻耸肩分解动作

5–1

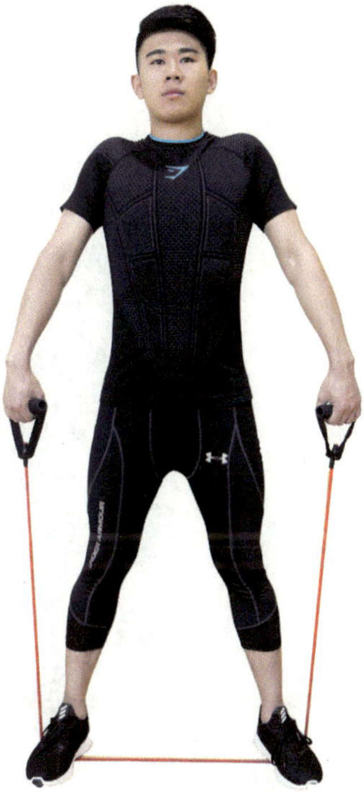

5–2

练习要求

- 在练习过程中，耸肩时不要屈肘，始终保持手臂下垂。
- 肩向后、向下转时，要缓慢且控制，避免受伤。

6 站姿直臂下拉

★ 站立在地面，双腿分开与肩同宽，两膝稍屈，双手正握阻力带，与肩同宽，手臂伸直（6–1）。
★ 下拉拉力器于大腿前侧（6–2），然后手臂逐渐上抬使阻力带还原。
★ 每组做 5~10 次，完成 3~4 组。

示例 6
站姿直臂下拉分解动作

6–1

6–2

练习要求

● 下拉时，手腕保持紧张，使背部集中受力。
● 还原时要匀速有控制，保持双臂姿势不变。

7 屈腿躬身

- ★ 站立在地面，双手贴于头后，挺胸、收腹、紧腰（7–1）。
- ★ 上体前屈使腰背与地面平行（7–2），保持 2~3 秒，然后挺身起立还原。
- ★ 每组做 5~10 次，完成 3~4 组。

示例 7

屈腿躬身分解动作

7–1

7–2

练习要求

- 在练习过程中，腰背始终挺直，不能松腰、含胸、弓背。
- 上体前屈时，要缓慢匀速，避免受伤。

8 屈腿硬拉

★ 站立在地面，脚踩阻力带中段，屈膝俯身正握阻力带，双脚双手比肩稍宽，稍抬头、挺胸紧腰，上体前倾与地面约成 45 度角（8–1）。

★ 大腿用力伸膝双手向上提拉阻力带（8–2），保持 2~3 秒，屈膝下降还原。

★ 每组做 5~10 次，完成 3~4 组。

示例 8

屈腿硬拉分解动作

8–1

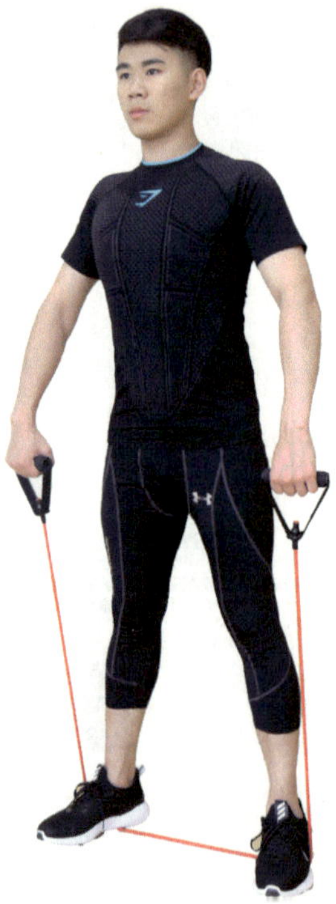

8–2

练习要求

- 提拉至最高点时，双肩尽量外展。
- 在练习过程中，上体始终保持紧张，缓慢匀速，避免受伤。

手臂

手臂力量在学生进行各项体育锻炼时非常重要。在学生身体素质健康检测中，手臂力量素质明显不达标。

我们给大家推荐一些手臂力量练习动作，在久坐学习的间歇做一做，会让紧张的肌肉得到放松，从而提升你的呼吸和身体供氧量。

下面开始我们的练习吧！

1 站姿弹力带臂屈伸

★ 站立，双腿打开略宽于肩，双脚踩住弹力带，双手握弹力带（1-1）。
★ 上臂不动，前臂向上做屈伸动作，在屈臂位置（1-2）保持 2 秒，还原。
★ 每组做 10~12 次，完成 5 组。

示例 1

站姿弹力带臂屈伸分解动作

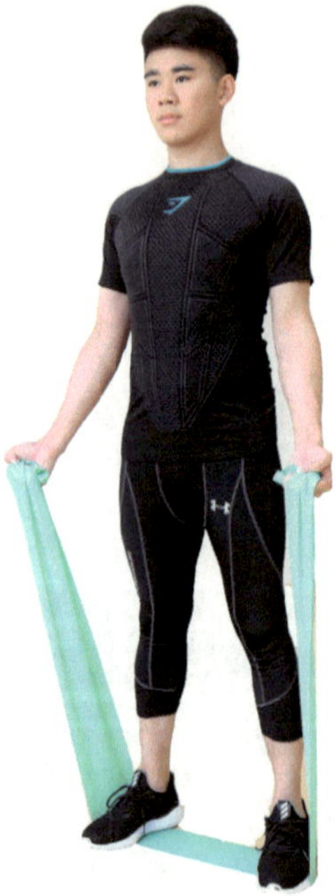
1-1

1-2

练习要求

- 可根据自身能力，增减弹力带的磅数。
- 在练习过程中，上臂要尽量贴近身体，还原动作速度要慢。

2 站姿俯卧撑

★ 面对办公桌，双手扶稳，双脚向后撤，至自己控制范围之内的距离，呈俯撑姿势（2–1）。

★ 力量较弱者可做俯撑控 15~20 秒，力量稍强者可做俯卧撑动作（2–2）。

示例 2

站姿俯卧撑分解动作

练习要求

- 注意头、躯干、臀、腿在同一平面上。
- 完成动作时身体尽量保持伸展，不要含胸。
- 双臂往上推时肩胛骨放松，推起时呼气，下压时肩胛骨收紧，注意沉肩，手臂与躯干夹角不要太大，下压时吸气。动作节奏不要太快，注意安全。

3 站姿臂屈伸

★ 背对办公桌站立，双手支撑桌沿，呈仰撑姿势（3–1）。

★ 肘关节弯曲，力量较弱者可做仰撑控 15~20 秒，力量稍强者可做臂屈伸动作（3–2）。

★ 胸部打开，利用双臂力量将身体上抬，每组做 10~12 次，完成 2~3 组。

示例 3

站姿臂屈伸分解动作

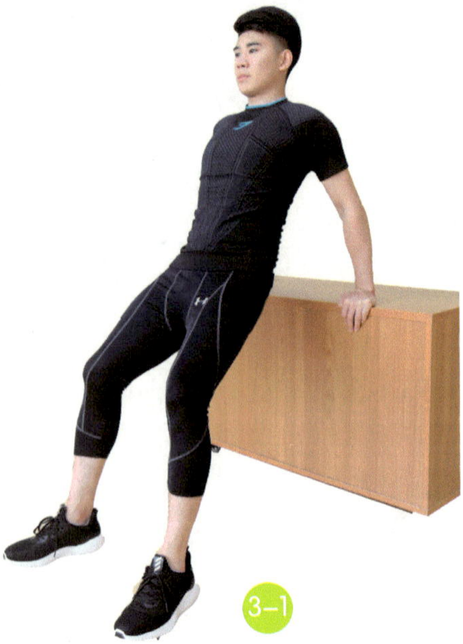

3–1

3–2

练习要求

- 注意胸部向上抬起并打开，肩关节下压。
- 在完成动作时背部不要拱起，匀速做动作。

4 芭蕾舞二头肌

★ 身体成站姿，双腿并拢，双手握饮料瓶，双臂侧平举，肘关节微屈（4–1）。

★ 吸气，双臂经两侧上抬，高举过头顶（4–2）；呼气，恢复到侧平举位置。

★ 每组做 10~12 次，完成 6~10 组。

示例 4

芭蕾舞二头肌分解动作

4–1

4–2

练习要求

● 可根据自身能力，增减器械的磅数。

● 在练习过程中，上臂要尽量向上，还原动作速度要慢。

5 站姿抗阻下拉

★ 双腿左右开立，膝关节微屈，双手握阻力带（5-1）。
★ 肩关节不动，前臂下拉，在图 5-2 位置保持 2 秒，还原。
★ 每组做 10~12 次，完成 5 组。

示例 5

站姿抗阻下拉分解动作

5-1

5-2

练习要求

- 手握阻力带的方式可以是掌心向上、掌心向下或掌心朝向身体。
- 练习过程中用肘关节夹紧身体，保持缓慢且匀速移动。

6 坐姿负重背后上拉

- ★ 将弹力带中部坐于臀部下方，手握弹力带两端，保持手臂在头部附近，肘关节弯曲，双手置于头后抓紧弹力带（6–1）。
- ★ 伸直肘关节，双臂不要远离头部，保持绷直状态 2 秒，还原（6–2）。
- ★ 每组做 10~12 次，完成 5 组。

示例 6

坐姿负重背后上拉分解动作

6–1

6–2

练习要求

- 背部挺直，保持肘关节处于一个固定点做屈伸动作。
- 练习时，可将弹力带替换成水瓶，可以双手握住一个水瓶，也可以一手握住一个水瓶。

7 坐姿正握腕屈伸

★ 坐姿，将前臂放在膝关节上，双手持水瓶掌心向上，绷直腕关节（7–1）。

★ 弯曲腕关节，抬起水瓶（7–2），然后回到初始位置，重复动作。

★ 每组做 10~12 次，完成 5 组。

示例 7

坐姿正握腕屈伸分解动作

7–1

7–2

练习要求

- 保持双臂处于一个稳定的位置，身体微微前倾，不要弓背。
- 在练习时，不要使用较大的重量。

8 坐姿反握腕屈伸

★ 坐姿，将前臂放在膝关节上，持水瓶掌心向下，弯曲腕关节（8–1）。

★ 绷直腕关节，抬起水瓶（8–2），然后回到初始位置，重复动作。

★ 每组做 10~12 次，完成 5 组。

示例 8

坐姿反握腕屈伸分解动作

8–1

8–2

练习要求

- 保持双臂处于一个稳定的位置，身体微微前倾，不要弓背。
- 在练习时，不要使用较大的重量。

腿部

对学生腿部肌肉的锻炼可以增强学生腿部肌肉的体积、力量和耐力；腿部练习需要将大量的血液输送到腿的末端，学生在进行腿部锻炼时，可以加快体内血液循环；腿部肌肉锻炼为其他各部位肌肉的发展打下稳定的根基。所以加强学生腿部锻炼对提高身体素质具有十分重要的意义。

下面开始我们的练习吧！

1 双腿深蹲

★ 身体自然站立，双脚分开与肩同宽，双手自然下垂（1–1）。

★ 双腿弯曲，下蹲，双手放于膝关节上方（1–2）。刚开始可以浅蹲，双腿微屈。练习到双腿有力后，大腿可与地面平行。

示例 1

双腿深蹲分解动作

1–1

1–2

练习要求

- 背部始终挺直。
- 千万不要让膝关节超过脚尖，这样会对膝关节造成一定的损伤。

2 弓步蹲

★ 双脚开立比肩稍窄，双手叉腰（2–1）。

★ 右腿上前一步，双腿弯曲下蹲，交换腿完成 5 次，做 3 组（2–2）。刚开始，腿部力量弱，后腿弯曲后膝关节可着地，待腿部力量增强后，应保持后腿膝关节距地 2 厘米左右。

示例 2

弓步蹲分解动作

2–1

2–2

练习要求

- 蹲下和起立过程中背部始终挺直。
- 前腿膝关节弯曲的垂直面不能超过脚尖，完成动作速度要慢。

3 站姿腿屈伸

★ 将弹力带一端固定在较低的位置，弹力带另一端固定在右脚踝关节上，左腿单腿站立，右腿提膝至脚离开地面（3–1）。

★ 吸气伸展膝关节至伸直（3–2），呼气还原。

★ 换腿练习，单腿 15 次，交替做 3 组。

示例 3

站姿腿屈伸分解动作

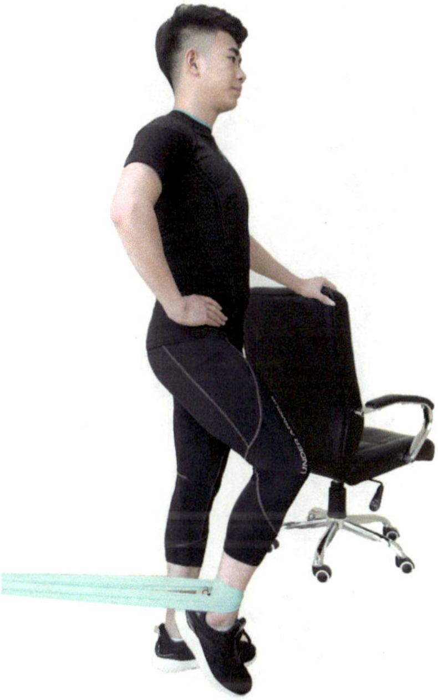

3–1

3–2

练习要求

- 呼吸稳定均匀。
- 在训练过程中必须控制好身体平衡。
- 在训练过程中始终保持背部挺直。

4 单脚侧抬

★ 阻力带一端固定在左踝上，右脚踩阻力带，右手握阻力带另一端，向侧抻直，左手叉腰（4–1）。

★ 右脚保持脚尖向前，左腿向侧抬起（4–2），动作进行 20 次，交换腿完成 3 组。

示例 4

单脚侧抬分解动作

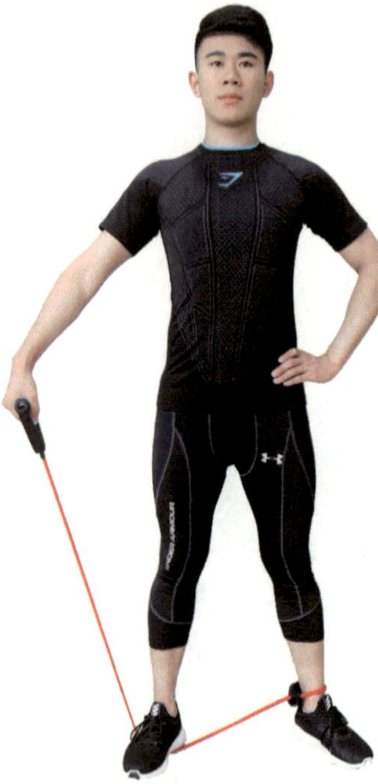

4–1

4–2

练习要求

- 练习时，上身保持直立。
- 练习时，脚的侧抬幅度不宜过大。

5 体前侧单脚后摆腿

★ 双脚脚踝套上弹力带，站立在座椅后，双手扶座椅上沿（5–1）。

★ 一条腿支撑，另一条腿向后摆动（5–2），左右腿各完成10次为一组，做3组。

示例5

体前侧单脚后摆腿分解动作

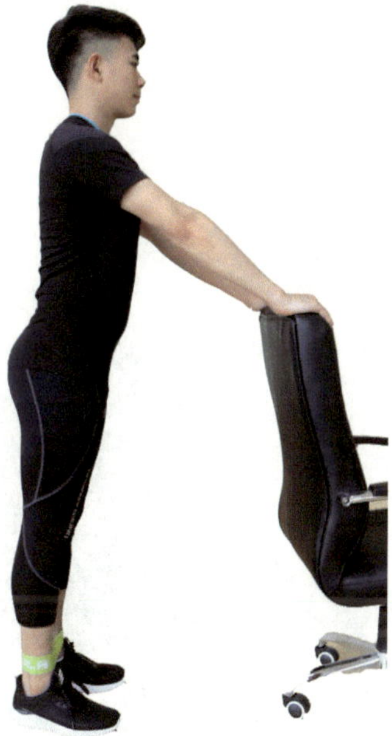

5–1

5–2

练习要求

● 练习时，保持上半身稳定，支撑腿膝关节微屈，练习腿伸直最大幅度向后摆动。

6 坐姿腿屈伸

★ 坐姿，上身保持直立，双手放于扶手上，双脚自然放于地面（6–1）。

★ 双腿慢慢向上抬，抬至与地面平行（6–2）后，恢复原来坐姿，完成 10 次为一组，做 3~5 组。

示例 6

坐姿腿屈伸分解动作

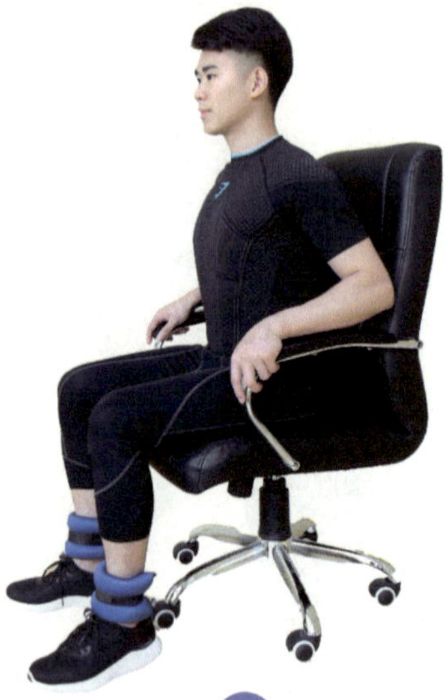

6–1

6–2

练习要求

- 练习时，上身挺直，腿抬起时勾脚尖。
- 在完成动作的过程中保持呼吸均匀。

7 站姿弹力带提踵

★ 站姿，双脚开立略宽于肩，踩住弹力带（7–1）。

★ 弯曲踝关节，踮起脚尖，然后还原（7–2，7–3）。

★ 每组做 10~12 次，完成 5 组。

示例 7

站姿弹力带提踵分解动作

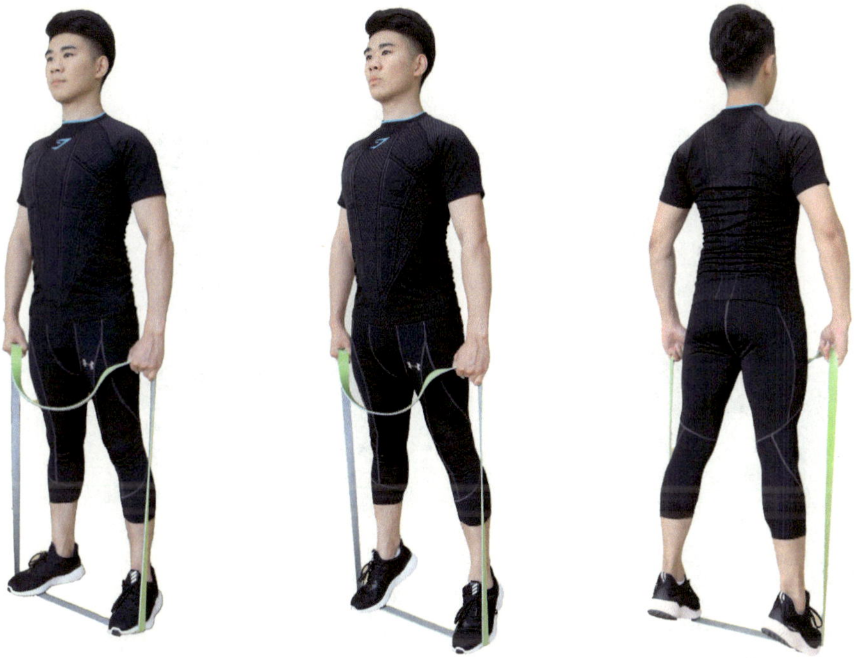

7–1　7–2　7–3

练习要求

- 在练习过程中，避免通过弯曲和伸直膝关节来完成连续的上升和下降。
- 练习此动作时必须由小腿肌肉来完成，移动也必须来自脚踝。

8 坐姿弹力带髋外展

★ 坐姿，上身挺直，弹力带套于股四头肌处（8–1）。
★ 膝关节向两侧打开，双腿做开合动作（8–2）。
★ 每组做 10~12 次，完成 5 组。

示例 8
坐姿弹力带髋外展分解动作

8–1

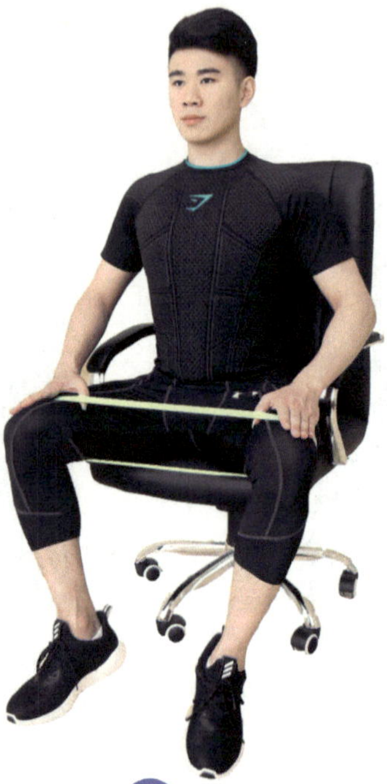
8–2

练习要求

- 练习时，背部挺直，呼吸均匀。
- 练习时，双腿做开合动作速度要慢。

时尚健身舞蹈——《超赞》

1 第 1~2 个八拍动作展示

扫码观看

第 1 个八拍：

① 预备动作：双手胸前合十，双脚并拢（1–1）。

② 左臂上举，右臂下垂，双臂同时逆时针旋转画圆（1–2），双脚原地踏步。最后回到图 1–1 动作。

第 2 个八拍：

① 预备动作：双手在胸前合十，双脚并拢。

② 双臂侧下举，同时向下，分别向两侧画圆（1–3），双脚原地踏步。最后回到图 1–1 动作。

1–1

1–2

1–3

2 第 3 个八拍动作展示

扫码观看

第 3 个八拍：

① 动作 1：右腿支撑，左脚点地，顶髋；右臂胸前屈，半握拳抵下腭；左手扶右髋（2–1）。

② 动作 2：同时右脚点地左腿支撑，顶髋；右手叉腰，左臂头后屈（2–2）。

③ 重复动作 1。

2–1

2–2

3 第 4~5 个八拍动作展示

扫码观看

第 4 个八拍：

① 向左并步，同时右手推向左肩（3-1）。
向右并步，同时左手推向右肩（3-2）。

3-1

3-2

② 向左两个并步，右腿顶髋，双手向两侧展开（3-3）。

3-3

第 5 个八拍：

与第 4 个八拍动作相同，方向相反。

4 第 6~8 个八拍动作展示

扫码观看

4-1

第 6 个八拍：

① 左脚向左一步微屈膝点地，同时左臂在胸前平屈，右臂向右 30 度角伸直，身体重心稍向左移（4-1）。

② 右脚侧点地，落地同时左脚向右移，两拍一动，右臂右上 30 度角伸直，左臂胸前平屈（4-2）。

4-2

4-3

第 7 个八拍：与第 6 个八拍动作相同，方向相反（4-3）。

第 8 个八拍：与第 6 个八拍动作相同，方向相同。

5 第 9 个八拍动作展示

第 9 个八拍：

右脚向前点地，同时双手屈肘上举从右向左做 3 个绕胸动作（5–1~5–4）。

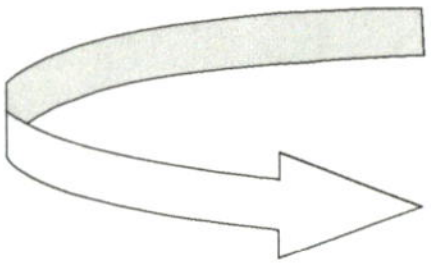

5–1

5–2

扫码观看

5–3

5–4

6 第 10~13 个八拍动作展示

6–1

第 10 个八拍：

① 1~2 拍：左脚向左一步，同时左臂侧平举，右臂向侧屈肘 90 度前臂上举，双手握拳，同时左拳眼向前，振臂 2 次，胸部振动 2 次（6–1）。

6–2

② 3~4 拍：并脚直立，手势同 1~2 拍，胸部振动 2 次（6–2）。
5~8 拍：同 1~4 拍，方向相反。

扫码观看

6–3

第 11 个八拍：
身体一拍一动，逆时针转动 360 度，每一拍右脚向外一步，双臂弯曲置于体侧向右摆动 1 次（6–3）。
第 12 个八拍：同第 10 个八拍，方向相反。
第 13 个八拍：同第 11 个八拍，方向相反。

7 第 14~15 个八拍动作展示

第 14 个八拍：

两拍一动，先左前方迈步（7-1），再右前方迈步（7-2），两臂屈肘，五指张开，掌心朝外，含胸时发力。

7-1

7-2

扫码观看

第 15 个八拍：

脚跟侧前方点地（7-3，7-4），身体微侧，手臂张开一高一低，五指分开。

7-3

7-4

8 第 16~17 个八拍动作展示

第 16 个八拍：

先左后方点地，再右后方点地，手臂从胸前划过下拉至侧后方（8–1，8–2）。

8–1

8–2

扫码观看

第 17 个八拍：

两拍一动，两腿分开站立，脚在原地，点地或不动，手臂（如太极拳的云手）在两侧来回穿动，幅度要大（8–3，8–4）。

8–4

8–3

9 第 18~21 个八拍动作展示

第 18 个八拍：

① 1~2 拍：屈膝两脚开立，重心左移，左臂胸前平屈，右臂自然下垂（握拳）（9-1）。

② 3~4 拍：同 1~2 拍，方向相反（9-2）。

5~8 拍：同 1~4 拍。

9-1

9-2

扫码观看

9-3

第 19 个八拍：

① 1~2 拍：左并一步，右臂以肘关节为轴绕环，左手自然下垂（握拳）（9-3）。

② 3~4 拍：同 1~2 拍，方向相反（9-4）。

③ 5~8 拍：左并两步，右臂以肘关节为轴绕两环，左臂自然下垂（握拳）。

9-4

第 20 个八拍：同第 18 个八拍，方向相反。

第 21 个八拍：同第 19 个八拍，方向相反。

时尚健身舞蹈 ——《Alliance》

1 第 1~2 个八拍动作展示

扫码观看

第 1 个八拍：

① 1~2 拍：前臂以肘关节为轴向外绕环，右脚向右迈步，左脚向右后点地，右手叉腰（1–1，1–2）。

② 3~4 拍：同 1~2 拍，方向相反（1–3，1–4）。

③ 5~8 拍：重复 1~4 拍动作。

1–1

1–2

1–3

1–4

第 2 个八拍：

重复第 1 个八拍动作。

2 第 3~4 个八拍动作展示

第 3 个八拍：

① 1~2 拍：左臂斜上举，左手指向斜上方，右手叉腰，右腿向右斜前方迈步（2–1），反方向重复以上动作（2–2）。

② 3~4 拍：双臂依次收回成叉腰状态，同时双脚依次收回成站立状态。

③ 5~8 拍：重复 1~4 拍动作。

2–1

2–2

扫码观看

2–3

2–4

第 4 个八拍：

① 1~4 拍：与第 3 个八拍的 1~4 拍动作相同。

② 5~6 拍：右腿为先向上吸腿，两臂侧下举，掌心相对，五指并拢（2–3）。

③ 7~8 拍：右脚落地，抬头（2–4）。

3 第 5 个八拍动作展示

第 5 个八拍：

① 1~2 拍：双臂向左斜上方伸直（握拳），右脚迈出点地（3–1），双臂向右斜下方伸直（握拳），左脚向右后方点地（3–2）。

② 3~4 拍：与 1~2 拍动作相同。

3–1

3–2

扫码观看

③ 5~6 拍：左臂以肘关节为轴向外绕环，右手叉腰，右脚向右迈步，左脚向右后点地（3–3，3–4）。

④ 7~8 拍：与 5~6 拍动作相同。

3–3

3~4

4 第 6 个八拍动作展示

第 6 个八拍：

① 1~4 拍：与第 5 个八拍的 1~4 拍动作相同（4–1，4–2）。

4–1

4–2

扫码观看

4–3

4–4

② 5~8 拍：双臂前平举，掌心向内，五指弯曲，左右并步（4–3，4–4）。

5 第 7~8 个八拍动作展示

第 7 个八拍：

① 1~2 拍：双臂交叉于胸前，然后打开成侧平举，掌心向外，左右并步点地（5–1，5–2）。

② 3~8 拍：重复 1~2 拍动作。

5–1

5–2

扫码观看

5-3

5-4

第 8 个八拍：

① 1~2 拍：两臂屈 90 度，前臂上举，右脚尖点地（5-3）。

② 3~4 拍：与 1~2 拍动作相同。

③ 5~8 拍：右脚点地，右胯向前顶出，双臂上举，压腕，掌心向外（5-4）。

6 第 9~10 个八拍动作展示

第 9 个八拍：

① 1~2 拍：手臂微屈，一前一侧，左手在前，双脚前并步（6–1）。

② 3~4 拍：与 1~2 拍动作相同方向相反。

③ 5~6 拍：向右侧滑出，双手扶后脑勺（6–2）。

④ 7~8 拍：还原成立正。

6–1

6–2

扫码观看

6–3

6–4

第 10 个八拍：

① 1~2 拍：双手打开，然后在胸前交叉，两腿并步（6–3，6–4）。

② 3~4 拍：与 1~2 拍动作相同，方向相反。

③ 5~8 拍：与 1~4 拍动作相同。

7 第 11~12 个八拍动作展示

第 11 个八拍：

两拍一动，双臂在体侧由左向右摆出，以左脚为轴，两拍一动，旋转 90 度（7–1，7–2）。

7–1

7–2

扫码观看

7–3

7–4

第 12 个八拍：

① 1~4 拍：右手叉腰，左腿屈膝点地，左手由下向上匀速抬起（7–3）。

② 5~8 拍：右手、双腿动作不变，左手由上匀速落下至前举（7–4）。

8 第 13~14 个八拍动作展示

第 13 个八拍：

① 1~2 拍：左臂贴耳上举，右臂自然垂下，双手握拳，左膝微屈，小马跳（8–1）。

② 3~4 拍：与 1~2 拍动作相同，方向相反（8–2）。

③ 5~8 拍：与 1~4 拍动作相同。

8–1

8–2

扫码观看

8–3

8–4

第 14 个八拍：

① 1~2 拍：双脚开立，双臂胸前平屈，然后双臂向右侧打直，双手握拳，左脚向右后点地（8–3，8–4）。

② 3~4 拍：与 1~2 拍动作相同，方向相反。

③ 5~8 拍：与 1~4 拍动作相同。

9 第 15~16 个八拍动作展示

第 15 个八拍:

一拍一动，左手叉腰，右手掌心向上拖，同时右脚向斜前方迈步，顶髋，左手向上托，左脚向斜前方迈步，顶髋（9-1，9-2）。

9-1

扫码观看

9–2

9–3

第 16 个八拍：

① 1~4 拍：两拍一动，动作与第 15 个八拍相同。

② 5~8 拍：双手置于头侧，打开双臂，双脚屈膝交替点地（9–3）。

10 第 17~18 个八拍动作展示

第 17 个八拍：

① 1~2 拍：双臂向左斜上方伸直，右脚迈出（10–1），双臂向右斜下方伸直，左脚向右后方点地，双手握拳（10–2）。

② 3~4 拍：重复 1~2 拍动作。

③ 5~8 拍：抖动双肩，双脚侧并步（10–3）。

10–1

10–2

扫码观看

10–3

10–4

第 18 个八拍：

① 1~2 拍：双臂向左斜上方伸直，右脚迈出，双臂向右斜下方伸直，左脚向右后方点地。

② 3~4 拍：重复 1~2 拍动作。

③ 5~8 拍：双臂经前交叉向外画圆，打开双臂，掌心向外，五指分开；双脚侧并步（10–4）。

11 第 19~22 个八拍动作展示

第 19 个八拍：

1~2 拍：左臂挥臂斜上举，向右做迈步点地（11–1）。

3~8 拍：重复 1~2 拍动作。

第 20 个八拍：

双腿交替踏步，双臂由体侧向内画圆，最后在胸前交叉（11–2）。

11–1

11–2

扫码观看

11–3

第 21 个八拍：

① 1~4 拍：身体面向前方，双手做波浪式动作（11–3），双脚 向右并步。

② 5~8 拍：与 1~4 拍动作相同，方向相反。

第 22 个八拍：

1~8 拍：身体向后方，重复第 21 个八拍动作。

12 第 23~24 个八拍动作展示

第 23 个八拍：

① 1~2 拍：左臂斜上举，右手叉腰；右臂斜上举，左手叉腰（12-1，12-2）。

3~4 拍：双手握拳叉腰。

1~4 拍：由右脚开始做“V”字步。

② 5~8 拍：与 1~4 拍动作相同。

12-1

12-2

扫码观看

12–3

12–4

第 24 个八拍：

① 1~4 拍：与第 23 个八拍的 1~4 拍动作相同。

② 5~7 拍：低头，双臂放于身体两侧，掌心相对，五指并拢；交替踏步（12–3）。

③ 8 拍：抬头站立（12–4）。

13 第 25~28 个八拍动作展示

第 25 个八拍：

① 1~2 拍：左臂屈肘前臂向上，右臂屈肘向下成抱吉他的姿势（13-1）。腿由双脚开立到右脚向左前方踢出，身体向后微倾（13-2）。

② 3~8 拍：重复 1~2 拍动作。

13-1

13-2

扫码观看

13-4

13-3

第 26 个八拍：

① 1~2 拍：左手在体前，右手在体后，绕额状轴左右手交替，左右脚由前后交叉步至右弓步（13–3）。

② 3~4 拍：同 1~2 拍动作，方向相反（13–4）。

③ 5~8 拍：重复 1~4 拍动作。

第 27~28 个八拍：

第 27 个八拍重复第 25 个八拍的动作。

第 28 个八拍重复第 26 个八拍的动作。